Miguel RUIZ

Sentences sans queue ni tête

(La beauté du non-sens)

Edition : Books on Demand,
12/14 rond-Point des Champs-Elysées, 75008 Paris
Impression : BoD - Books on Demand, Norderstedt, Allemagne
ISBN : 9782322193134
Dépôt légal : janvier 2019

«Le non-sens est plus près du réel que
la raison qui ne sert qu'à l'endurer.»
(Roland Topor)

Il pleut un plat de lentilles sur des chaussettes

en flammes : la duchesse a appelé.

La folie du mutin de la Mer Noire - ou du boucher d'Albacete - est toujours visible sous le dé à coudre.

Assis ou volage, le tisserand mou méprise les forces centrifuges du marcassin.

Les coursives de mon âme n'apporteront rien au bonheur des huîtres.

Un anachorète prétentieux isole forcément
toutes les formes de sensibilités fromagères.

Au paradis, la peur du moustique n'exclut
pas l'équidistance des rivières de marbre.

Conjugaison terrible du sang et de la tarte aux
pommes sous les oreillers de vent !

Le dimanche, il faut braquer une serpillière
pour percevoir l'étonnement des souris.

Faut-il poster les affres de l'intelligence aux environs
de la cravate ?

Dès potron-minet l'estropié de Malaga s'enrichit
au dépens du vieux puits de la Truie.

En douceur ou à l'arrachée, les moines-cacatoès
surfent sur la vague de l'esprit universel.

Boulevard Daloz, les tortues pousse-au-crime
feignent d'engranger la recette.

Ce soir des cathédrales de boas se feront
violence pour la dame au cabas.

L'alcool dodécaphonique du pape suffit aux larmes
constitutionnelles, si vous le voulez bien.

Tant que les oreilles ont des jambes, le pont de la lune
s'extasie à l'écoute du set de table.

J'ai bu tout le brouillard de la prothèse élevée au rang de monument.

À droite après le pont, le four à pyrolyse du ver à soie lorgne vers de célestes ménagères.

Le langage système et l'édition des barèmes boudent dans les poches en métal du linceul.

Le timonier de la douleur se brise sur l'asphalte d'un bon dieu thésard.

Une germination de poilus caquette à tout va... bien au-delà de l'absolutisme de vos artères !

Sur la plage aux souvenirs, le brise-glace teigneux
des émotifs console toute bouche d'ombre.

Les trouvères du CAC 40 dégustent les circuits
analogiques d'un destin miséricordieux.

Sur la fesse gauche du Vatican, un kouffar
métaphysique ignore la branlette des vaincus.

Au crépuscule, la joie tridimensionnelle propre
aux lentilles vertes brasse d'immondes morales.

Un matraquage d'amibes l'emporte rarement
sur la mesquinerie ajourée du tapissier.

À la pêche aux sentiments, l'anachorète héliocentré
n'est jamais loin du rivage.

Un jour ou l'autre, le lait moustachu n'ira pas
plus loin qu'ailleurs.

Seule une basilique tordue pourra enchanter les
petits pois de la Baltique.

Au 3 bis rue Amédée Cousin, il suinte des
colombes bissextiles échappées du ciel
et de la mortelle vinasse.

Recto verso et vice-versa peuvent être
une des deux mamelles asséchées de la folie
passagère.

Au pied du Mont Thabor, le serre-tête du
tourteau impose sa logique in extremis.

Sans vergogne, le poissonnier psychédélique
enjambe la couleur de mes enfants.

*Au carrefour de nos ignorances, une bouse de l'enfer médite en **4-3-3**.*

Pour les hanches du percepteur, un ibis torréfié
n'évoque rien.

Poussière d'automne et vocable animiste se
lamentent en pensant à l'aspic junior.

Aux confins de la lèpre, le poulain atypique de
mes plaies chantonne de mélancoliques sardanes.

Regardez le guichet de mes douze ans : les limaces ont embrassé le goret, toute honte bue.

L'amertume et ses syllogismes sont les pavois d'une existence à venir (mordorée ou pas, c'est à vous de voir).

Pour qui sait manger ses croûtes, le gâtisme des anciens est une délivrance.

À Lyon ou ailleurs, Jésus boit la tisane des ironies amères à l'abri d'aimables nausées enfantines.

À la longue, le chapelet ocre des bérézinas et des idiots utiles flatte le fils de la femelle du requin.

Flatulences et esprit de lucre se retrouvent dans les mesquins sourires du technicien vert.

Le pistou amer du soliste maniaque reflète tant bien que mal une jouvence de tous les instants.

Un simple aperçu du flicage pastoral nous renseigne sur la forme du héron de la **DGSE** (si on veut bien patienter un peu).

Brinquebalants, lymphocytes et globules blancs
souquent ferme à la vue du tisserand bleu.

Un crapaud fourmille d'éléments binaires, tant
que dure la beauté du potage.

Coquilles et élytres sous cellophanes mimeront de
lubriques effusions - sous l'œil du trader volage.

Chez les académiciens myopathes, un steak de souris augmente fortement la dose de haine cordiale.

Les chewing-gums de l'âme extensible errent dans la pouponnière glacée (hé oui !).

Tousser des nuages sous une pergola en feu peut
faire rire violet.

Le complot langagier est une insulte à la toilette
intime des animaux civilisés.

Tatouages, fanions et esprit d'entreprise dénaturent
la nostalgie de mes ancêtres - démocratie ou pas.

Au tournant du sirop, mieux vaut un niais
aux abois qu'une sauterelle éprise d'absolu.

St-Martin's Hospital : le prince qu'on sort
de l'amitié est sanctifié par un taxi dérapant
sur la chaussée.

Si l'on excepte les mystères de l'Ouest, les angoisses
particulières sont toutes des ribaudes, rivières incluses.

Plâtrée ou à la braise, l'issue de la concordance
résume tout Agamemnon (sauf son scalp).

À partir de maintenant, la méduse et le sapajou libraire seront comptables de l'innocence du boulanger.

Le soir au fond d'un sac, la volonté de Dieu
n'excède pas trois gouttes d'huile de ricin,
messe dite ou pas.

Surélever les crapauds n'implique pas
nécessairement la sagesse des métaux.

Les trissotins du parc à huîtres s'accommoderont
toujours de l'amour administratif.

Un joueur de flûte (aperçu aux portes de l'aube)
est la preuve irréfutable du malaise de Cambridge.

La grande steppe larvée, fidèle à ses habitudes,
feint d'ignorer la fin et ses moyens.

La falaise aux prêtres est le sas qui mène aux
inhibitions du terrassier.

Il faudra bien ravaler ses rancœurs de pluie si l'on veut un jour émettre de jolis sons mouillés.

La sagesse du colporteur et l'urine des nations
se lovent dans le couloir qui radote.

L'amertume des pisse-copies est le fiel dont se
repaissent les élections futures (trouées ou pas, c'est à
vous de voir).

À califourchon sur le monde, l'ironie risque de filtrer
des boulevards, sans parler de la grenadine !

Muriel et son moujik, dans leur fournaise gelée,
misent tout sur les jupons de la mariée mise au pas.

Tout ciel est condamné aux cancans du cantonnier
- autrement dit à l'exégèse de la marée.

Après avoir fréquenté la Vérité et ses sectateurs, le
boiteux de Carthagène s'envola d'un pas décidé...
(et c'est bien dommage !).

A la pluie couchante, Bizerte et ses nounours misent
tout sur l'aéroport et son lave-linge.

Sur le billot du gouverneur, rien ne sert d'ignorer la jeunesse et ses sympathiques verrues-mensonges.

Si l'on veut bien oublier les morves d'azur, la misère et les idées reçues ne sont que les affluents de ma logique fleuve.

Aux ballets roses du clergé, toute conspiration tend vers sa propre limite : chemin vert et frissons dans la fournaise.

Le parfum du soleil acquiesce aux coursives d'une démocratie sépia.

L'orthodoxie du vide peine à remplacer le couteau des girafes et la tendresse des cochons.

De ses petits doigts raides de mère indigne, la terrine
administrative - sur son 31 - caresse votre nuque.

Prostrés sur une chandelle, le psychiatre et ses amis agitent théière et wagonnet de manière équivoque.

Un hôtelier, à quatre pattes sur ses gencives, brise net l'élan du Pérou, malgré le service en porcelaine de la reine.

Le shaman dépressif et son râteau têtu prêtent à confusion : meurtre ou nouvelle religion ?

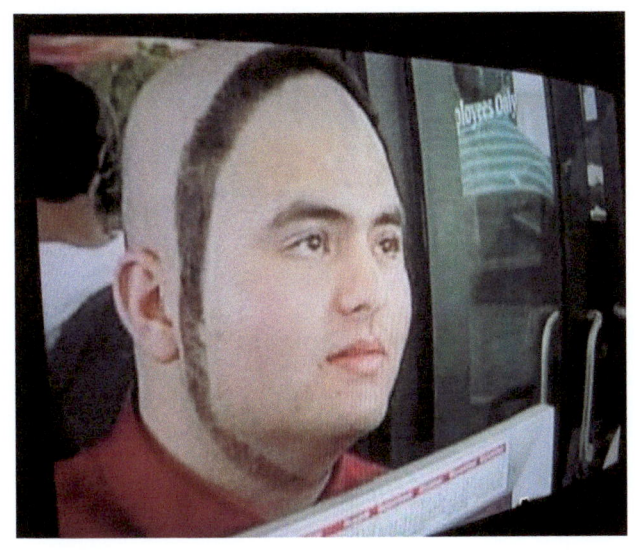

Celui qui ose claironner la marche du temps devra
s'essuyer au feu rouge du pâtissier.

L'huile d'olive et ses héritières ignorent tout du
passage aux idées toutes faites, objets blessés
de la naissance.

Un spectre aux amibes aidé du vampire
casse-noisettes, tisse des liens ténus avec la
sous-préfecture du Pas-de-Calais.

Les parasites mous de nos enceintes intérieures
achoppent sur le prépuce spirituel de la gauche
éternelle.

Pour braver la solitude, il faut taxer les mollusques et débrancher le sirop, sauf pendant les heures creuses du soleil.

Lorsque le coq n'est pas d'équerre, le boucanier sous la banquette couine de suaves mélopées.

En Bosnie ou ailleurs, le trottoir aux syllogismes suinte de la braguette des condamnés.

Au purgatoire, le nain de Stanislas et son magistère sont les ultimes recours… après la Légende d'Automne et les autres gâteaux !

Il faut relever les compteurs de l'absurde si l'on veut un jour atteindre l'hospice maternel renversé.

Moscou-la-Gâteuse enfile les perles didactiques sur le fil d'un poisson soluble.

Le marché aux épices : trois litres de bonheur équivalent à un regard appuyé.

Sur la fin, cafards et boîtes à musique
critiqueront les nonnes de Liverpool - quoi qu'en
pense le manager honteux.

La grande parade du packaging sans âme
rencontrera le chevalier qui allume la lune,
à Bath (Surrey).

Au tatami de mes illusions, la couronne de pensées
du céleste bandit pique plus que de raison !

La terrine des océans nourrit de petits monstres,
par-delà le Bolchoï et les pieds tendus.

L'éclopée de la vie, un balcon sur les genoux, cultive son vide fanatiquement, avec l'aide de ses fantasmes-dieux.

En tribune **VIP**, *une sirène biterroise est l'ultime recours pour les grabataires de la Costa del Sol.*

Les mantras du soleil et autres psittacismes de la
raison travaillent à fonds perdus - au profit de nos affects.

Trois ou quatre larmes de profondeur ont beaucoup
à voir avec l'âne mort sur son piano aqueux.

Cracher de la neige sous les gyrophares bleus prête à
sourire et donne à penser.

En ce qui concerne l'ouverture des parkings,
l'hyperbole fromagère des sourires radieux
n'augure rien de bon.

Le carnage athée du pape cynophile amoindrit
tout sarcasme mou – n'est-il pas ?

Assise ou pas, la bouche d'ombre et ses moites
alléluias génèrent de jolis janissaires comptables.

Le homard visqueux de mes gènes (et ses gestes précis)
compromettent mon avenir de toute éternité.

Au transept de mes entrailles règne un astronaute
qui ne s'oublie pas.

Le berger et ses anacoluthes aboient du fond d'un
chien luxueux sans maître.

Ignifuger les bordels d'un soleil torrentiel
ne résoudra pas la crise des stocks primes
(au gymnase).

Sous la pression de Jésus et de son **4-4-2**, Dieu
et sa tuyauterie fuitent tous les quarts d'heures.

L'ours psychologique et le marcassin de la puberté
squattent mon âme, quoi qu'en dise l'horloge qui
titube.

La spirale dévergondée de vos mines déconfites
n'égalera jamais les œillades insistantes de la
toulousaine aigrie.

Terreur tranquille et concierge scrutateur indiquent
les latrines métaphysiques à venir.

Quelques cafards du dancing masseront à rebours la tétine présidentielle.

Au brasero timide, une Remington venue
d'Abyssinie touche à l'universel, section rythmique
incluse.

La mangeuse de nougats saoulera les hélices, sauf si
elle a vécu à contre-courant de la chistera.

Il faut faire face aux dossiers des chaises, surtout
quand le champ d'épandage réactive les foules.

À mi-chemin d'un meurtre ou d'un selfie réside l'opinion du sage... si et seulement si l'on veut bien s'inscrire au loto !

Le céleste prestidigitateur - marionnette d'acier - affleure sous la tonnelle épicière.

Pour qui s'attaque aux filins roses, la mi-temps peut s'avérer salace au croisement des deux souterrains.

Il faut choisir : tisser une araignée sous l'œil d'un compère ou bien mourir à bon escient.

Au tord-boyaux des planètes il faut défourailler à tout-va (la mariée et ses couches-culottes étant bien entendu acquises).

Un porridge à lunettes qui traverse à contresens
lorgne peut-être vers l'infini, mais seulement si le garde-
barrière acquiesce.

Au vent baveux des alcooliques, la blanquette frustrée d'allumettes saigne la Pologne.

À la mi-temps du touche-touche bougon, un lasso salé solutionnera les combines (c'est ça ou rien).

La morgue du chorizo brouille l'écoute d'une jeunesse affable, sans vraiment réaliser que c'est par là que ça se passe.

Le timonier bourru et sa compagne s'ignorent car
la Tamise et Tirésias ont eu leurs billets à temps.

La fébrilité sereine du héron-cathéter rend utiles
les soldats prévenants de la Nueve (Juillet 44).

L'entrisme nauséeux d'un bus à impériale
tourne presque toujours à la goujaterie, à moins que
vous m'aimiez un peu !

Une ironie de baskets cruelles peut-elle soulager
un comptable rhénan et ses plaisirs humides
(moussaka et autres) ?

Si l'on ne prend garde au goût du prestige,
un pasteur risque de flasher sur la treille aux moineaux.

Laissées pour compte, les caries du bois de Beaumont risquent de souffler sur les braises du malaise.

Le chauffeur auxerrois du pavillon de l'horreur liste les différentes variétés de pâtés pour chiens… (au fait, est-ce là votre souhait ?).

En Ford Mustang, il faut tout miser sur les bottes mexicaines 60's et les cheveux auburn d'une beauté gauchère.

À gauche de l'ascenseur, les morves mises sous scellés
valent bien le suicide d'un gendarme bleu métallisé.

Les couettes des policiers véreux de la B.R.I. se briseront
sur la paterne des siècles - et tout ça à cause de la colère
de Mourad !

Un golem à scrofules - porte en bois sur le dos -
lessive deux bagnards, l'un chargé l'autre pas.

Pour la reine Christine, l'auto-apitoiement des bretzels liquides fait les égarés du souvenir (certaines fesses d'huîtres aussi).

Les poignets de la philosophie et la respiration par les pieds participent d'une métaphysique des latrines.

Atterrissage forcé : après mûre réflexion, qu'il est doux pour un anarchiste de faire son lit au carré !

Un crocodile au cœur d'hirondelle peut se confondre avec l'Homme aux 1000 visages (… à condition d'y croire fortement).

*La vérité est une chienne nyctalope, et pour preuve :
regardez le serpent dans la bouche d'ombre des
grottes de cristal !*

Miguel Syd Ruiz – Janvier 2020
www.miguelsydruiz.jimdo.com

Du même auteur

- « Paysages/Visages/Voyages »   (BoD n° 1239451)

- « Qui est qui ? - Dictionnaire des pseudonymes »
    (BoD n° 1310936)

- « Un air de famille - 500 célébrités qui se ressemblent »
    (BoD n° 1267783)

- « Le Père-Lachaise, un cimetière bien vivant »
    (BoD n° 1266269)

- « Ils ont dit... »   (BoD n° 1262065)

- « Dictionnaire de la guerre civile espagnole et de ses
    prémices 1930-1939 »   (BoD n° 1311069)

- « Absurdomanies... »   (BoD n° 1330401)

- « Les fins mots de la fin »   (BoD n° 1333805)

- « Villages de France »   (Bookelis n° 33976)

- « Last words, last words... out ! »   (BoD n° 1333798)

- « Gargouilles et marmousets dans la
    sculpture médiévale »   (Bookelis n° 33961)

- « Aphorismes, paradoxes et autres calembredaines »
    (Bookelis n° 35794)

- « Mon Paris insolite »   (BoD n° 1391909)